Georg Gumpp

Räume im Herzen

Sämtliche Bilder von Rebecca Gumpp

Bibliographische Informationen der Deutschen Nationalbibliothek:
Die Deutsche Nationalbibliothek verzeichnet diese Publikation in der Deutschen Nationalbibliographie; detaillierte bibliographische Daten sind im Internet unter http://dnb.dnb.de abrufbar.

© 2024 Georg Gumpp
Verlag: BoD · Books on Demand GmbH, In de Tarpen 42, 22848 Norderstedt
Druck: Libri Plureos GmbH, Friedensallee 273, 22763 Hamburg

ISBN: 978-3-7693-0934-8

Räume im Herzen

Liebe

An einem dieser hellen Tage..8
Verliebt..9
An Dich..10
Ich würd' so gern noch bleiben 11
Und wenn ich dann allein bin..................................12
Ferne..13
So schenk' ich Dir mein Blut, mein Leben..............14
Wann...15
Showdown..16
Das Wesen der Liebe...17
Mauerblümchen...18
Wenn Seelen sich berühren..19
In seinen Armen...20
Liebe..21
Antlitz..22
Wechselbäder...23
Tränen...24

Leben

Erkenntnis...26
Liebe, Glück und Frieden..27

Glück..28
Freude..29
Schicksal...30
Gebet II..31
Auferstehung...32
Nichts verloren..33
Denk an Dein Leben..34

Trennung

Entfremdung..36
Wenn ich Dich heute so anseh'......................37
Einmal mehr und immer wieder...................38

Abschied

Vorbei...40
Das Alter..41
Noch ein paar Jahre leben..............................42
Am Ende des Lebens..43
Fragen des Lebens..44
Sterben...45
Verschwinden..47
Zimmer im Raum..48
ChatGPT...48
Schuld...49

Liebe

An einem dieser hellen Tage

An einem dieser hellen Tage,
An denen ich Dich anders sah,
Stellte ich mir diese Frage,
Wie lange bist Du denn schon da?

Dass ich Dich erst jetzt erkenne,
Deine Einzigartigkeit erfuhr.
Voll Inbrunst Deinen Namen nenne,
Nach Dir stell' ich meine Uhr.

Siehst Du mich an, bin ich verloren,
Streck meine Waffen nieder,
Fühl mich durchaus nicht auserkoren,
Doch geht mein Herz auf immer wieder.

Wie groß der Schmerz, wenn Du entschwunden,
Du fühlst beileibe nichts für mich.
Dennoch gesteh' ich unumwunden,
Seit diesem Tag' gibt's für mich nur Dich.

Verliebt

Worte aus Deinem Munde,
Klingende Phantasie,
Drehen in mir manche Runde,
Beflügeln mein Herz wie nie.

Sehe ich Deine Augen dann strahlen,
Und Deine Lippen, sie lächeln apart,
Beginne ich es in mir auszumalen,
Dich zu streicheln behutsam und zart.

So würde ich stets darauf achten,
Dass nur Gutes Dir widerfährt.
Dich voller Liebe betrachten,
Wer hat Dich je so wie ich verehrt?

An Dich

An Dich,
Der ich mein Herz versprach,
Als unsere Liebe einst anbrach,
Widme ich meine Gedanken,
Zu Beginn die Rosen um uns rankten.

An Dich,
Die ich niemals will entbehren,
Werd' Dich weiterhin verehren.
Hat das Schicksal auch mit uns gespielt,
Unsere Liebe doch zusammenhielt.

Ich würd' noch so gern bleiben

Ich würd' noch so gern bleiben,
Dir manche Zeilen schreiben,
Um Deine Liebe werben,
Dabei manche Tode sterben.

Ich würd' noch so gern bleiben,
Mit Dir auf Wolke Sieben treiben,
Surfen auf der Himmelsleiter,
Zum Horizont und immer weiter.

Ich würd' noch so gern bleiben,
Mich an Dir zerreiben,
Selbst wenn mein Herz in Scherben liegt,
Mein inneres Ich sich an Dich schmiegt.

Und wenn ich dann allein bin

Und wenn ich dann allein bin,
Denke ich nur an Dich.
Und wenn ich dann allein bin,
Lässt mich mein Glück im Stich.

Und wenn ich dann allein bin,
Finde ich keine Ruh'.
Und wenn ich dann allein bin,
Schlägt die Einsamkeit erbarmungslos zu.

Und wenn ich dann allein bin,
Ruf ich dich wieder an.
Und wenn ich dann allein bin,
Hoffe ich, Du gehst auch ran.

Und wenn ich dann allein bin,
Werden mir meine Fehler gewahr.
Und wenn ich dann allein bin,
Scheint mein Leben in Gefahr.

Und wenn ich dann allein bin,
Sehn' ich mich so nach Dir.
Und wenn ich dann allein bin,
Wünschte ich, Du wärst bei mir.

Ferne

Wieder Tränen in die Augen gespült,
Wieder in Gefühlen gewühlt,
Als ich an Dich dachte
Und die Nacht über wachte.

Wieder meine Gedanken Dich trafen,
Konnte in der Nacht nicht mehr schlafen.
Hab' zärtlich Deine Seele gestreichelt,
Hoffe, Du fühlst Dich zumindest geschmeichelt.

Bist so nah und doch auch so fern.
Wie sehr ich dich liebe, ich hab' Dich so gern.
Leider lebst Du in einer anderen Welt.
Dies zu erkennen ist leider was zählt.

So schenk ich Dir mein Blut, mein Leben

Wenn meine Gedanken schweifen,
Meine Träume nach Dir greifen,
Darf ich mich nicht Dir hingeben,
Nicht nach Deiner Liebe streben.

Denn Deine Pläne sind verschieden,
Wir hätten uns an uns zerrieben.
Doch will Deine Seele ich erheben,
So schenk ich Dir mein Blut, mein Leben.

Wann

Wann werden Sie heilen, meine seelischen Wunden?
Wann habe ich meine Liebe zu Dir überwunden?
Wann ist meine Seele nicht mehr geschunden?
Wann dreht das Schicksal erneut seine Runden?

Wann wendet sich ab die furchtbare Pein?
Wann werden meine Gedanken nicht mehr nur bei
Dir sein?
Wann kommt der Tag, an dem ich nicht mehr um
Dich wein'?
Wann ist der Moment, wie es wie vorher wird sein?

Showdown

Am Ende durft' ich noch erleben,
Was das Leben zu Höherem hebt.
Und die Seele lässt zitternd erbeben,
So ist's wenn man bedingungslos liebt.

Was hab' ich noch zu erwarten?
Was bleibt ist endlose Qual.
So misch ich dem Schicksal die Karten.
Was hab' ich denn für 'ne Wahl?

Die Fichten treiben letztmals ihre Nadeln,
Der Schwan singt zum Sterben sein Lied.
So wird der Tod aus Liebe mich adeln,
Auch wenn ich durch eigene Hand verschied.

Das Wesen der Liebe

Liebe ist ein unfertiger Traum.
Liebe schränkt ein Deinen Raum.
Lässt Dich nur an die Andere denken,
Deine Gedanken nur zu Ihr lenken.

Liebe schlägt zu, wenn Du's nicht erwartest,
Du Dich noch anderen Dingen offenbartest.
Sie nimmt keine Rücksicht auf Konventionen
Und lehrt Deinem Leben so manche Lektionen.

Und scheint eine Nähe zur Holden unmöglich,
Ist eine Verbindung zu Ihr gar unsäglich.
So akzeptiert die Liebe kein Nein,
Ist der Schmerz noch so groß, es muss wohl so sein.

Mauerblümchen

Achtlos weilst Du am Wegesrand,
Siehst all die Blumen der Wiesen.
Hältst keinen Vergleich mit ihnen stand,
Für Dich sind's unerreichbare Riesen.

Sie recken sich wohlig hin zur Sonne,
Nur Du bleibst im Dunkel allein.
Für Dich, da gibt's keine Wonne,
Würdest gerne so wie sie sein.

Doch bedenke, auch für Dich hält das Leben parat,
Den einen Strahl, der seine Suche nicht scheute,
Dich zu finden, seinen Diamanten mit 18 Karat,
auf den er sich ein Leben lang freute.

Wenn Seelen sich berühren

Wenn Seelen sich berühren,
Ihre Energien spüren,
Herzen im Gleichklang schlagen,
Stellen sich ein so manche Fragen.

Warum trat der Eine in des Andern Leben?
Alles lief bisher so glatt und eben.
Nun wird es abrupt erschüttert,
Die Haut am Körper, sie erzittert.

Doch wird dies auch vorübergehen?
Und lässt den Sturm am Ende überstehen?
Sich dabei nicht zu sehr verletzen,
Und alles dann auf Anfang setzen?

Was immer wird mit Euch geschehen,
Eure Wege werden weitergehen.
Gemeinsam oder getrennt durchs Leben,
Wie stark auch war das Herzenbeben.

In seinen Armen

Und fühlst Du Dich bei ihm so sehr geborgen,
Spürst seine Seele segensreich an jedem Tag,
Die Dir wundersam raubt Deine Sorgen,
Du Dich fragst, was jetzt noch kommen mag.

So lass Dich von Deinen Gefühlen leiten,
Wenn er Dir seine Liebe will schenken.
Erfreue Dich an diesen schönen Zeiten
Und zerstreue mutig all Deine Bedenken.

Er steht zu Dir und bittet um Vertrauen,
Darfst Dich in seinen Armen kauern.
Es braucht noch etwas Zeit, auf ihn zu bauen,
Doch am Ende wirst Du es nicht bedauern.

Liebe

Welch göttlicher Funke auf Erden,
Was würde aus uns Menschen werden,
Hätten wir nicht die Liebe empfunden,
Und den einen Menschen für uns gefunden.

Der uns beflügelt, uns zu sich zieht,
Allein wenn er uns nur einfach ansieht.
Unsere Sehnsucht nach ihm wie Feuer brennt,
Und wir hoffen, dass er es erkennt.

Unser Klopfen im Herzen, welch eine Qual.
Doch was haben wir denn für eine Wahl?
Ihm seelisch verbunden und körperlich nah,
Wer weiß, welche Verbindung unser Herr da sah.

War es Bestimmung? Es ist einerlei,
Die Seele fühlt sich glücklich und frei.
Vor lauter Glück noch ganz benommen,
Fühlt man sich im Leben angekommen.

Antlitz

Wie schön Du bist, will ich beschreiben,
Meine Gedanken nur bei Dir verbleiben.
Lassen mich die Welt als Traum erleben
Und meine Seele höher schweben.

Dein geschwungener Mund, Meereswellen gleich,
Deine junge Haut so zart und weich,
Die kleine Nase, sie schmückt Dein Gesicht,
Auf Deine Nähe bin ich erpicht.

Wechselbäder

Seh' ich Dich an und Du bleibst stumm,
Frag ich mich oft nach dem Warum.
Liegt es an mir? Ich nehm's mir zu Herzen.
Gefühlte Eiseskälte, sie erfüllt mich mit Schmerzen.

Doch lockert sich auf Dein starrer Blick,
So führt es mein Grübeln unverzüglich zurück.
Und zeichnet sich ein Lächeln über Dein Gesicht,
So geht auf mein Herz und meine Trauer, sie bricht.

Tränen

Tränen der Freude, wenn ich sie seh',
In Gedanken ich mit Ihr geh',
Zu all den Plätzen und Räumen,
Von denen wir beide träumen.

Tränen der Trauer
Schnüren mich ein wie eine Mauer.
Ihre Seele so fern von mir,
Dabei wär' ich so gern bei Ihr.

Leben

Erkenntnis

In all den ruhigen Momenten,
In denen ich nicht vor mir flieh'.
Meine Gedanken wollen nicht enden,
Worte, die ich mir noch nicht verzieh'.

Nun bin ich bereit, in den Spiegel zu sehen,
Der mein Wesen ungeschminkt verrät,
Der mir verbietet die Wahrheit zu verdrehen,
Und keinen Samen der Verdunkelung säht.

Wie schmerzt es, dann zu erkennen,
Welch Ungemach in mir steckt.
Hab' ich dann die Kraft, nicht wegzurennen,
Wenn meine Schwäche sich nicht mehr versteckt?
.

Liebe, Glück und Frieden

So viele Jahre sind vergangen,
An den meisten Dingen gern gehangen.
Nicht alles ist dabei gelungen,
Um vieles doch umsonst gerungen.

Doch wenn gewogen ich's betrachte,
Auf all die schönen Dinge achte,
Die mir im Leben doch beschieden,
So waren es Liebe, Glück und Frieden.

Glück

Was ist Glück in unserem Leben?
Wir denken nur an schlechte Zeiten,
Die an unseren Gedanken kleben
Und uns all die Zeit begleiten.

Wie oft war uns das Glück doch hold,
Ein schlimmes Schicksal knapp vermieden.
Manch' purer Zufall war wie Gold,
Vielleicht wären wir bereits verschieden.

Drum sollten wir niemals vergessen,
Manch' Wendungen in unserem Leben.
Wie wären wir von Leid zerfressen,
Hätte das Glück uns nicht so viel gegeben.

Freude

Welch Freude ist's, die Welt zu sehen,
Die Ewigkeit im Augenblick.
Denn nun ist es um mich geschehen,
Schau nicht nach vorn und nicht zurück.

Verharre gern in dem Moment,
Genieße meine Seelenlage.
Meine Gefühle sind nun evident,
Und kommen unfiltriert zu Tage.

So bleib' ich gern im Hier und Jetzt,
Versöhne mich mit meinen Sorgen.
Fühle mich auch nicht gehetzt,
Und freu' mich auf den nächsten Morgen.

Schicksal

Behutsam wankend Schritt für Schritt,
Die Angst beherrscht den Augenblick.
Das Leben ist heut' schwarz grundiert,
Man seine Fehler selbst moniert.

Getrieben gleich 'nem Höllenritt,
Richtet man ins Innere den Blick.
Vom Schicksal unverhofft getroffen,
Von eigenen Fehlern stark betroffen.

So leidet nun die Seele arg,
Was sich dahinter wohl verbarg?
Dass hin und wieder man muss leiden,
Was muss man sich da selbst ankreiden?

Gebet II

Wenn ich mich fühle ganz allein,
Und um mein Heil letztendlich wein'.
So denk' ich an Dich als Zufluchtsort,
Und hoffe auf Dein gnädig' Wort.

Auch wenn ich oft nicht bei Dir bin,
Nach anderen Dingen stand mein Sinn,
So warst Du mir doch immer nah,
Auch wenn ich dies so oft nicht sah.

Meine Fehler sind mir wohl bewusst,
Und Du hast sie alle ja gewusst.
Doch bitt' ich Dich um Deinen Segen,
Send mir einen Engel auf meinen Wegen.

Der mich trägt durchs Jammertal,
Es zu durchqueren war nicht meine Wahl.
Allein fehlt mir dazu die Kraft,
Bitte hilf mir durch Deine Macht.

Auferstehung

Wenn nach all den Tiefen im Leben
Licht am Horizont nun erstrahlt,
Und Deine Seele fängt an zu beben,
Hat sich Dein Dasein bereits ausbezahlt.

Zum Himmel streben die Flügel,
Schwirrst frei und leicht durch die Luft.
Dich halten dabei keine Zügel,
Jegliche Mühsal im Nu verpufft.

Die dunklen Schatten verschwinden,
Entfernen sich weiter von Dir.
Musst Dich dabei nicht überwinden,
Zu fragen, was war das, wofür?

Genieße einfach das Neue,
Die Freude in Dir, lass sie zu.
So halte das Glück Dir die Treue,
Deine Schrecken finden nun ihre Ruh'.

Nichts Verloren

Ich sah sie einst, wie ich sie nie gesehen,
Starr war Ihr Blick, man konnt's nicht übersehen.
Sie sprach kein Wort und setzte sich hernieder
Auf einer Bank – wollt Ihrem Dasein nichts erwidern.

Sie war so sehr in sich gekehrt, was schien in Ihr zu wanken?
War's Ihr Leben oder eine Einzeltat? Was waren Ihre Gedanken?
War's vorbei nach all der Zeit, vor sich selbst davonzurennen.
Sie blieb ruhig und stumm, doch schien Ihr Herz zu brennen.

So setzte ich mich neben sie und ließ die Stille walten,
Für eine kurze Zeit, dann schien sie einzuhalten.
Begann sich vertrauensvoll an mich zu schmiegen,
Und langsam schien Ihre stumme Trauer zu versiegen.

Ich nahm sie zart in meine Arme und wollte sie umsorgen.
Gleichwohl vernahm ich ohne Worte, sie fühlte sich geborgen.
Ihr kurzes Lächeln zeigte mir, es war noch nichts verloren.
Was immer auch geschehen war, Ihre Seele nicht erfroren.

Denk an Dein Leben

Denk an Dein Leben,
Nur das ist wichtig,
Nach Deinen Wünschen zu streben,
Nur das ist richtig.

Du hast nur das Eine,
Es ist kurz genug.
Komm' mir Dir ins Reine,
Sei bitte so klug.

Auf all Deinen Wegen
Sei Dir auch bewusst,
Ist es oftmals ein Segen,
hast von Beistand gewusst.

Schlag es nicht in den Wind,
Will jemand Dich begleiten.
Nimm seine Hand wie ein Kind,
Um ins Ungewisse zu schreiten.

Manch' Brücke, manch' Kreuzung, manch' einsamer Pfad,
Bedenke, was hat in Deinem Dasein Gewicht.
Der Weg des Lebens ist ein schmaler Grat,
Doch an jedem Ende erscheint immer ein Licht.

<u>Trennung</u>

Entfremdung

Lange Jahre im Einklang verbracht,
Immer auf Liebe bedacht.
In Eintracht gelacht und geweint,
In vielem waren wir vereint.

Unsere Gefühle gingen ein und aus,
Steckte einer zurück war der Andere voraus.
Die Weichen hatten wir zu spät erkannt,
Das Entscheidende haben wir nicht benannt.

Gemeinsam gingen noch unsere Wege,
Unser Bemühen war weiterhin rege.
War es dann am Ende doch so weit,
Im Inneren eine traute Einsamkeit.

Was blieb vom so schönen Beginn?
Was vom Herzen und uns'rem Gewinn?
Vom Zauber des Anfangs haben wir uns entfernt
Und uns im Laufe des Lebens leidvoll getrennt.

Wenn ich Dich heute so anseh'

Vorbei die schöne Zeit,
Sie liegt zurück so weit.
Im Gleichklang schlugen unsere Herzen,
Am Ende blieben nur noch Schmerzen.

Der Eine ging, der Andere blieb,
Für keinen war's der große Sieg.
War es der Trennung wirklich wert?
Was lief am Ende so verkehrt?

Wenn ich Dich heute so anseh'
Und auf Deinen Spuren geh'
Würd' ich gern' wissen, was Du fühlst,
In welchen Erinnerungen Du noch wühlst?

Einmal mehr und immer wieder

Wieder ein Tag, der stellt seine Weichen,
Wieder ein Ziel, das ich nicht werd' erreichen,
Wieder ein Wegkreuz an dem ich jetzt steh',
Wieder eine Brücke, über die ich nun geh'.

Am anderen Ende wie immer gebannt
Starre ich zurück wie auf eine Wand.
Werd' ich vergessen, was bisher geschah?
Bin ich einem neuen Leben wirklich so nah?

Oder gesellen sich ein zu manchen Stunden,
Die Schmerzen bereits vernarbter Wunden?
Oder bringt ein neues Licht meine Welt zum Beben,
Wird allein ein freundliches Lächeln meine Seele erheben?

Abschied

Vorbei

Vorbei die Zeit, die meine war,
Die meine Freude jeden Tag gebar,
Die meine Zukunft offen hielt,
Und die Zügel meiner Träume hielt.

Im Galopp ritt ich durch all die Jahre,
Der Wind wehte rau durch meine Haare.
Ich habe - mag sein - das Leben vergessen,
War auf Einzelheiten zu versessen.

Die im Nachhinein vielleicht nicht wichtig,
Auf meiner Reise aber doch gewichtig.
Ich sie am Ende nicht vermissen will,
Steht meine Welt am Ende still.

Das Alter

Nun bin ich alt und bekomm' es zu spüren.
Fühl' es in mir selbst, erfahr's auch von Andern.
Wohin wird mich der Rest meines Lebens noch führen,
Über welche buckligen Wege werde ich noch wandern?

Reif ist die Zeit ein Resumee zu ziehen
Am Ende einer schönen langen Reise.
Was wollte ich, wessen wollte ich entfliehen.
Ich wäge es ab - auf meine Weise.

Manch' Gabelung auf den verschlungenen Pfaden,
In denen ich manchen Menschen verlor.
So seid ihr in meinen Gedanken eingeladen,
Bei mir zu sein, wie in der Zeit zuvor.

Noch ein paar Jahre leben

Noch ein paar Jahre leben,
Um mir selbst zu vergeben,
Um mir selbst zu verzeihen,
Um zu schließen die Reihen.

All die offenen Stellen,
Die gebrochenen Wellen,
Das schaurige Grölen
In den dunklen Höhlen.

Belasten immer mehr mit den Jahren,
Bergen noch immer Gefahren,
Und langsam verlässt mich der Mut,
So verlischt nun die Glut.

Am Ende des Lebens

Wieder ein Morgen
Von Trauer geprägt,
Wen hab' ich verloren – quälende Sorgen,
Wenn die letzte Stunde einst schlägt.

Seh' ich zurück, kann ich mich erfreuen?
Hoffe, ich habe viel richtig gemacht.
Oder muss ich vieles letztendlich bereuen?
Was hat mein Leben den Andern gebracht?

Wer mir wichtig erscheint,
Wird er/sie an mich denken?
Und bleiben so mit mir vereint,
Wenn sie selbst ihre Geschicke lenken.

Fragen des Lebens

Es war an einem dieser grauen Tage,
Als ich mir stellte diese Frage.
Was mach ich noch auf dieser Welt,
Was ist es, das mich hier noch hält?

Zuletzt dachte ich an Selbstmord,
Ans Leben auf der anderen Seit'.
Doch gibt es ihn wirklich diesen Ort,
Oder herrscht dort nur die Dunkelheit?

Vielleicht sollte ich doch noch bleiben,
Zwischen Gesellschaft und der Einsamkeit.
Mich doch noch nicht entscheiden
Für meinen Weg, ob kurz, ob weit.

Manch' unüberlegte Tat, der Not heraus geboren
Sei schlussendlich gründlich überdacht.
Man ist dem Leben für immer dann verloren
Und begibt sich in die dunkle Nacht.

Sterben

Plötzlich war er da, das Unvermeidliche geschehen.
Das Ende war zu nah, wolltest doch noch Abschied nehmen.
Wie schnell ein Leben kann vergehen,
Konntest letzte Worte nicht mehr geben.

So fand man Dich bereits verschieden,
Der Welt bereits abhanden.
So ist Deinen Liebsten nur geblieben,
Gedanken, die euch so verbanden.

Am Sterbebett familiär umgeben,
Die Runde ringt ums letzte Wort.
Umsorgt und trauervoll ergeben,
Die Reise endet nun an diesem Ort.

Mit letzter Kraft, die dem Scheidenden gegeben,
Ringt er nach Worten, den Seinen noch zu sagen,
Dass er sie liebt und ihnen möchte geben,
Die Liebe seines Herzens, bedingungslos, und ohne Fragen.

Manch' Ungemach in diesem Leben,
In dem das Leid unendlich scheint,
Verhindert das gewollte Streben
Nach Eintracht und Geborgenheit.

Ist am Ende dann kein Licht in Sicht,
Umzingelt Dich „'ne kalte Wand",
Hältst Du selbst über Dich Gericht
Und stirbst durch **Deine eig'ne Hand**.

Verschwinden

Tritt ein in das Tal der kalten Nacht,
Spüre den Atem der dunklen Macht.
Ein Sog der Angst, der Dich umfasst,
Einsam Du langsam für immer verblasst.

Alternativ:

Tritt ein in die dunkle Nacht,
Spüre den Atem der Macht.
Ein Sog der Angst Dich umfasst,
Einsam Du langsam verblasst.

Zimmer im Raum

Vielleicht ist das Leben ein endender Traum,
Ein Zimmer im Raum,
In dem Freude und Leid im Wechsel geschehen
Und irgendwann im Nichts verwehen.

.

ChatGPT

Zerstörung
Welch Graus
Vernichtung der Poesie
Entwertung der menschlichen Kultur
ChatGPT

Schuld

Jahre gingen schon ins Land,
Meine Hasen an mein Herz ich band.
Ihre Anwesenheit genoss,
Tagsüber frei, abends ich das Gatter schloss.

Doch eines Abends ist's geschehen,
Meine liebe Snowflake werd' ich nie mehr sehen.
Dachte, das geschlossene Tor, es wird schon reichen,
Doch konnte sie nach draußen schleichen.

Am nächsten Tag war sie verschwunden,
Wir suchten allesamt noch Stunden.
Dann fand man sie von einem Tier gerissen,
Ihren Körper totgebissen.

Jetzt gebe ich mir die ganze Schuld,
War's am Vorabend meine Ungeduld?
Dass ich nicht so verschloss wie immer,
Die Strafe ist, ich sehe sie nimmer.

Doch bleibt mir noch die unsägliche Frage,
Komm ich irgendwann in diese Lage,
Einzugestehen, es könnte Schicksal sein,
Was irgendwann lindert meine Pein?

Hätt' ich's gewusst, ich hätt's verhindert,
Da es keine Absicht war, ist meine Schuld gemindert?
Und ist die Natur auch noch so gemein,
In meinem Herzen bleibt Snowflake immer mein.

Milton Keynes UK
Ingram Content Group UK Ltd.
UKHW031355011224
451755UK00004B/309

9 783769 309348